EL PEGASO

curio
p

POR GINA KAMMER

AMICUS LEARNING

¿Qué te causa

CAPÍTULO DOS
2
La vida de Pegaso
PÁGINA
10

CAPÍTULO UNO
1
Leyendas de Pegaso
PÁGINA
4

¿curiosidad?

CAPÍTULO TRES

Encontrar a Pegaso
PÁGINA
16

¡Mantén tu curiosidad! 22
Glosario 24
Índice 24

Curious About está publicado por
Amicus Learning, un sello de Amicus.
P.O. Box 227
Mankato, MN 56002
www.amicuspublishing.us

Copyright © 2025 Amicus.
Derechos de autor internacionales reservados en todos los países.
Prohibida la reproducción total o parcial de este libro en cualquier
forma sin permiso escrito del editor.

Editora: Ana Brauer
Diseñadora de la serie: Kathleen Petelinsek
Diseñadora del libro e investigadora fotográfica: Kim Pfeffer

Library of Congress Cataloging-in-Publication Data
Names: Kammer, Gina, author.
Title: Curiosidad por el Pegaso / by Gina Kammer.
Other titles: Curious about Pegasus. Spanish
Description: Mankato, MN : Amicus Learning, an imprint of
Amicus, [2025] | Series: Curiosidad por las criaturas míticas |
Translation of: Curious about Pegasus. | Audience: Ages 6–9 |
Audience: Grades 2–3 | Summary: "What does Pegasus look
like? Learn the Greek mythology surrounding the winged horse in
this Spanish question-and-answer book for elementary readers.
Translated into North American Spanish. Includes infographics,
table of contents, glossary, and index" — Provided by publisher.
Identifiers: LCCN 2024025010 (print) | LCCN 2024025011
(ebook) | ISBN 9798892003292 (library binding) | ISBN
9798892003353 (paperback) | ISBN 9798892003414 (ebook)
Subjects: LCSH: Pegasus (Greek mythology)–Miscellanea–
Juvenile literature.
Classification: LCC BL820.P4 K3618 2025 (print) | LCC BL820.P4
(ebook) | DDC 398.20938/0454—dc23/eng20240613

Créditos fotográficos: Adobe Stock/comicsans, portada,
pengedarseni, 6–7, SULAIMAN, 11 (arriba), Yusif, 14; Alamy
Stock Photo/Leah Bignell/Design Pics, 20; British Library/Public
Domain, 9 (segunda desde abajo); Dreamstime/Stockeeco, 9
(arriba); Freepik/artefacti, 12–13, fakedav, 11 (abajo), Freepik,
16–17, natttalya, 5, user7351474, 15; Dominio Público/9
(abajo); Wikimedia Commons/ Gobierno de Kazajstán, 9 (centro),
Mary Hamilton Frye, 4, Phuong Huy, 9 (segunda desde arriba),
Dominio Público, 21, Theodoor van Thulden, 19

Impreso en China

CAPÍTULO 1

¿Qué es Pegaso?

Un héroe griego fue capaz de domar y montar a Pegaso.

Pegaso es el nombre de un caballo con alas en los **mitos** griegos. Su madre es un monstruo llamado Medusa. Su padre es Poseidón, dios del mar y de los caballos. Hoy en día, cualquier caballo mítico con alas se llama un pegaso. Algunos de estos caballos también tienen cuernos.

Pegaso es símbolo de la inspiración y la creatividad.

LEYENDAS DE PEGASO

¿Es real Pegaso?

LEYENDAS DE PEGASO

Los pegaso son una **especie** de caballos alados. Son descendientes de Pegaso y de caballos.

Probablemente no. Sin embargo, la gente de antaño y de hoy muestra caballos con alas en el arte. Pegaso aparece en muchas **leyendas**. Los caballos con alas parecen poderosos y hermosos. Los pegaso aparecen en libros antiguos con animales reales. Pero nadie tiene **prueba** de que sean reales.

¿Cuándo empezaron las leyendas de Pegaso?

Hace unos 3.000 años. En una leyenda, Poseidón entrega a Pegaso a un héroe griego llamado Belerofonte. Juntos cabalgan hacia la batalla. Luchan contra un monstruo de tres cabezas. Puede respirar fuego. Pero con la ayuda de Pegaso, el héroe vence. Se va volando en Pegaso. También hay muchos mitos sobre otros caballos alados.

GRECIA: PEGASO

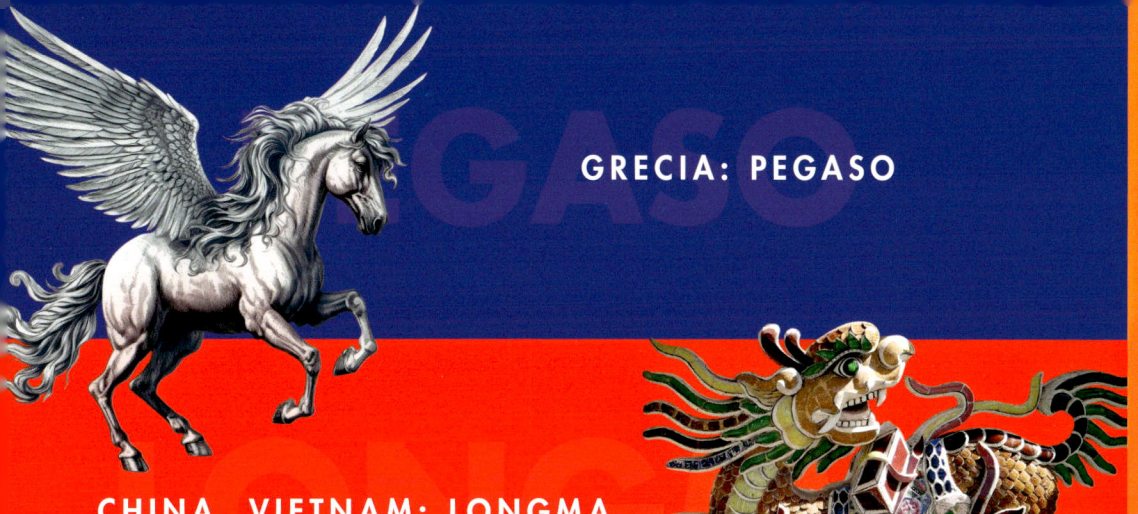

CHINA, VIETNAM: LONGMA

KAZAJSTÁN, MONGOLIA: TULPAR

INDONESIA, MALASIA:
KUDA SEMBERANI

INDIA: UCHCHAIHSHRAVAS

CABALLOS ALADOS DE DIFERENTES CULTURAS

9

CAPÍTULO DOS 2

¿Cuánto vive Pegaso?

Quizá para siempre. Pegaso es en parte dios. La mayoría de las historias dicen que puede vivir para siempre. Pero algunas dicen que no. En su lugar, se convirtió en un grupo de estrellas. Hoy puedes ver a Pegaso en el cielo. Así que quizá siga viviendo de cualquier manera.

Se cree que Pegaso es **inmortal**, como los dioses.

CARTA ESTELAR DE PEGASO

La constelación de Pegaso sólo constituye la parte delantera del caballo. Sin embargo, es una de las más grandes.

LA VIDA DE PEGASO

LA VIDA DE PEGASO

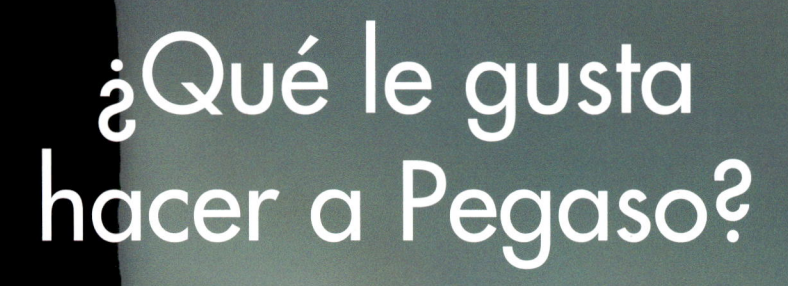

¿Qué le gusta hacer a Pegaso?

El nombre Pegaso significa "manantial" o "pozo".

¡Volar! Al caballo alado le encanta el cielo. En los mitos griegos, Pegaso puede volar hasta el Olimpo. El Olimpo es el hogar de los dioses. Está en los cielos. A Pegaso también le gusta el agua. Volar rápido le da sed. A Pegaso le gusta beber de los charcos de agua.

LA VIDA DE PEGASO

¿Qué poderes mágicos tiene Pegaso?

LA VIDA DE PEGASO

Pegaso puede volar alto en los cielos. Incluso puede transportar rayos para Zeus.

Unos cuantos tipos. Pegaso puede transportar truenos y rayos para Zeus. Zeus es el rey de los dioses griegos. Con su pezuña, Pegaso puede hacer manantiales. En una historia, las musas griegas cantaban. Una montaña se elevaba demasiado para escuchar. Pegaso la pateó. No creció demasiado. En su lugar, brotó un manantial.

HABILIDADES DE PEGASO

alas
VUELO

cabeza
NUNCA CANSADO

pecho
FUERTE

pezuñas
HACER MANANTIALES

piernas
VELOCIDAD

CAPÍTULO TRES
3

ENCONTRAR A PEGASO

¿Dónde vive Pegaso?

16

En la mitología griega, Pegaso vive en los cielos del monte Olimpo, en Grecia.

ENCONTRAR A PEGASO

Pegaso vive en el Olimpo con los dioses. Vive como un rey en el palacio de Zeus. Pero otros de los pegaso viajan por todo el mundo. Los pegaso viajan incluso por las estrellas. Las leyendas también dicen que los pegaso son del país de Etiopía. Otros caballos alados viven en zonas distintas.

¿Es amigable Pegaso?

¡Si puedes domarlo! Pero no será fácil. En un mito, Belerofonte no podía atrapar a Pegaso. Finalmente, la diosa de la sabiduría, Atenea, apareció en sueños. Ella le dejó una **brida** de oro. Esperó a que Pegaso bebiera de un manantial. Entonces atrapó a Pegaso. Volaron y vivieron muchas aventuras.

La diosa griega Atenea le dio a Belerofonte su brida de oro. Esto le ayudó a atrapar a Pegaso.

ENCONTRAR A PEGASO

En algunas historias, un héroe griego llamado Perseo voló en Pegaso para salvar a una joven.

¿Puedo volar en Pegaso?

¡Claro! Si puedes encontrarlo. Pero tal vez no deberías. Después de muchas aventuras con Pegaso, Belerofonte quería más. Intentó usar a Pegaso para volar hacia los dioses. Zeus se enojó. Pegaso arrojó al héroe de su espalda. Entonces, Pegaso llegó a vivir en el Olimpo. Era el más grande de los caballos.

Con la ayuda de Pegaso, Belerofonte mató a la Quimera, una criatura de tres cabezas que escupía fuego.

ENCONTRAR A PEGASO

¡MANTÉN TU CURIOSIDAD!

HAZ MÁS PREGUNTAS

¿Qué historias ha contado la gente sobre Pegaso?

¿Qué puedo averiguar a partir de fotos antiguas de Pegaso?

Prueba con una GRAN PREGUNTA:
¿Por qué a la gente le encanta hacer arte y contar historias sobre Pegaso?

BUSCA LAS RESPUESTAS

Busca en el catálogo de la biblioteca o en el internet.
Pueden ayudarte tus padres, un bibliotecario o un maestro.

Usar palabras clave
Busca la lupa.

🔍

Las palabras clave son las palabras más importantes en tu pregunta.

Si quieres saber sobre:

- historias de Pegaso, escribe: MITOS DE PEGASO

- Pegaso en imágenes, escribe: ARTE ANTIGUO DE PEGASO

GLOSARIO

brida Correas de cuero que se ponen alrededor de la cabeza de un caballo para dirigirlo.

especie Grupo de seres vivos con características similares que se agrupan bajo un nombre común y pueden tener descendencia.

inmortal Vivir para siempre o no morir nunca.

leyenda Una historia del pasado que puede o no ser cierta pero que no se puede comprobar.

mito Idea o historia en la que cree mucha gente pero que no es cierta.

prueba Hechos o evidencia que demuestran que algo es cierto.

ÍNDICE

Atenea, 18, 19
Belerofonte, 4, 8, 18, 20–21
constelación, 10–11
manantiales, 12, 15, 18
Medusa, 4
monte Olimpo, 13, 17, 20
Perseo, 20
poderes, 7, 14–15
Poseidón, 4, 8
volar, 13, 20
Zeus, 14, 15, 17, 20

Acerca de la autora

Gina Kammer creció escribiendo e ilustrando sus propias historias. Ahora enseña a otros a escribir historias en inkybookwyrm.com. Le gusta leer literatura fantástica y medieval. También le gusta viajar, pintar al óleo, el tiro con arco y acurrucar a su conejito gruñón. Vive en Minnesota.